kiri
kiri
kiri
kiri
Babybel
Babybel

Direction de la publication : **Isabelle Jeuge-Maynart et Ghislaine Stora**
Direction éditoriale : **Delphine Blétry**
Édition : **Julie Tallet**
Direction artistique : **Emmanuel Chaspoul**
Mise en page : **Else**
Lecture-correction : **Stéphanie Tavernier**
Couverture : **Véronique Laporte**
Fabrication : **Annie Botrel**

Merci à Candice Roger pour son aide efficace.

ISBN 978-2-03-587477-1

LES MINI LAROUSSE

KIRI & BABYBEL

Les meilleures recettes

Recettes et photographies
de Jean-François Mallet

LAROUSSE

21 rue du Montparnasse 75283 Paris Cedex 06

Sommaire

Babybel
Babybel

Introduction

Bienvenue dans l'univers du Kiri® et du Babybel® !

Il est évident que ces fromages font partie des classiques de nos enfances. Le Kiri® est explicitement destiné aux enfants, bien qu'on continue à l'apprécier à l'âge adulte. Le plaisir de déshabiller un Babybel® de sa coque rouge à la texture si particulière reste intact même aujourd'hui.

C'est pourquoi, nous avons voulu retrouver ces délices simples de l'enfance en les adaptant à l'âge adulte.

Découvrez donc ces 25 savoureuses recettes mettant en scène ces produits mythiques. Découpez finement, faites fondre doucement, tartinez passionnément Kiri® et Babybel® pour les transformer en petits plats gourmands...

Régressif, mais tellement bon !

Potage au Babybel®, pommes de terre et potiron

POUR 4 PERSONNES

PRÉPARATION : 20 min • **CUISSON** : 45 min

200 g de potiron • 250 g de pommes de terre • 1 poireau • 4 Mini Babybel rouges ou jaunes • 80 g de beurre • 20 cl de crème fraîche • sel et poivre

1. Épluchez et découpez en morceaux le potiron et les pommes de terre. Lavez et émincez le poireau. Détaillez les Babybel en morceaux.

2. Faites chauffer le beurre dans une petite cocotte. Laissez fondre les poireaux dans le beurre mousseux pendant quelques minutes à feu doux sans coloration. Ajoutez les morceaux de pomme de terre et de potiron. Versez de l'eau à hauteur des légumes, salez, poivrez et faites cuire pendant 45 min à feu doux.

3. Quand les légumes sont cuits et moelleux, retirez un peu d'eau, puis ajoutez la crème et les morceaux de Babybel. Mixez jusqu'à ce que le potage soit homogène et onctueux. Rectifiez l'assaisonnement selon votre goût et dégustez bien chaud.

Cocotte de Babybel® aux artichauts

POUR 4 PERSONNES

PRÉPARATION : 5 min • **CUISSON** : 10 min

4 gousses d'ail • 4 c. à soupe d'huile d'olive • 16 artichauts poivrades cuits (ou fonds d'artichaut) en conserve ou à l'huile • 5 brins de thym • 1 feuille de laurier • 100 g d'olives marinées à la grecque • 12 Mini Babybel rouges • sel et poivre

1. Épluchez et hachez les gousses d'ail.
2. Faites chauffer l'huile d'olive dans une petite cocotte. Saisissez les artichauts dans l'huile chaude, laissez-les revenir pendant 3 min, puis ajoutez l'ail haché, le thym, la feuille de laurier et les olives. Prolongez la cuisson de 3 ou 4 min en remuant, puis ajoutez les Babybel entiers. Couvrez et laissez cuire encore 3 ou 4 min de plus jusqu'à ce que le fromage soit légèrement fondu.
3. Posez la cocotte bien chaude sur la table et dégustez immédiatement avec des pâtes fraîches.

Soupe glacée de petits pois au Kiri®

POUR 4 PERSONNES

PRÉPARATION : 20 min • **CUISSON** : 30 min

2 échalotes • 1 gousse d'ail • 3 c. à soupe d'huile d'olive • 400 g de petits pois surgelés • 50 cl de bouillon de légumes (en cube ou surgelé) • 6 Kiri • sel et poivre

1. Épluchez et hachez les échalotes et l'ail.
2. Faites chauffer l'huile d'olive dans une petite cocotte. Laissez suer les échalotes et l'ail pendant 10 min à feu doux sans coloration. Ajoutez les petits pois encore surgelés et laissez cuire pendant 10 min en remuant.
3. Salez, poivrez et versez le bouillon de légumes. Portez à ébullition, puis laissez chauffer 5 à 8 minutes de plus. Arrêtez le feu, ajoutez les Kiri et mixez.
4. Rectifiez l'assaisonnement selon votre goût. Laissez refroidir et dégustez la soupe accompagnée de gressins.

VARIANTE : **Vous pouvez également réaliser cette recette en utilisant des carottes à la place des petits pois.**

kiri

Poires gratinées au Babybel® et à la noisette

POUR 4 PERSONNES

PRÉPARATION : 20 min • **CUISSON** : 25 min • **TREMPAGE** : 1 h

2 c. à soupe de raisins secs • 4 Mini Babybel • 120 g de noisettes en poudre • 4 c. à soupe d'huile de noisette • 4 poires de type conférence • 4 petites tranches de jambon cru • 200 g de roquette ou de mesclun • 2 c. à soupe de vinaigre de xérès • sel et poivre

1. Faites tremper les raisins secs pendant 1 h dans un bol d'eau tiède.
2. Préchauffez le four à 180 °C (therm. 6). Coupez les Babybel en deux dans l'épaisseur. Égouttez, puis concassez grossièrement les raisins secs à l'aide d'un robot. Mélangez-les avec les noisettes en poudre et 2 c. à soupe d'huile de noisette. Salez et poivrez.
3. Épluchez les poires, puis coupez-les en deux et évidez-les délicatement. Disposez les demi-poires dans un grand plat à gratin. Garnissez-les avec le mélange à la noisette, puis recouvrez-les de 1/2 tranche de jambon cru et de 1/2 Babybel. Enfournez pour 25 min.
4. Lavez et essorez la salade puis répartissez-la dans quatre assiettes ainsi que les poires bien gratinées. Assaisonnez l'huile de noisette restante et le vinaigre de xérès. Dégustez aussitôt.

Courgettes farcies au Kiri® et à la menthe

POUR 4 PERSONNES

PRÉPARATION : 25 min • **CUISSON** : 30 min

8 petites courgettes • 5 brins de menthe • 2 œufs • 10 Kiri • 4 c. à soupe d'huile d'olive • sel et poivre

1. Ouvrez les courgettes en deux dans la longueur et creusez le centre à l'aide d'une petite cuillère (réservez la chair pour un autre usage). Déposez les courgettes dans un grand plat à gratin.
2. Préchauffez le four à 180 °C (therm. 6). Effeuillez, lavez et hachez la menthe.
3. Séparez les blancs d'œufs des jaunes. Mélangez dans un saladier les Kiri, l'huile d'olive et la menthe hachée. Ajoutez les jaunes d'œufs, salez et poivrez. Montez les blancs d'œufs en neige et incorporez-les délicatement au mélange au Kiri à l'aide d'une spatule en bois.
4. Garnissez les courgettes avec ce mélange et enfournez-les pour 30 min, jusqu'à ce que les courgettes soient légèrement gratinées. Dégustez-les bien chaudes, accompagnées de roquette.

SUGGESTION : **Pour apporter une pointe de fraîcheur, parsemez de quelques feuilles de menthe au moment de servir.**

Chaussons au Kiri® et aux herbes à la Corse

POUR 4 PERSONNES

PRÉPARATION : 20 min • **CUISSON** : 30 min

500 g de vert de blette • 8 Kiri • 1 c. à soupe d'herbes de Provence • 4 c. à soupe d'huile d'olive • 1 citron jaune non traité • 2 c. à soupe de pignons de pin grillés • 1 rouleau de pâte brisée • huile de friture • sel et poivre

1. Dans une casserole d'eau bouillante salée, faites cuire les blettes pendant 20 min. Égouttez-les, passez-les sous l'eau froide et pressez-les pour bien retirer toute l'eau.

2. Hachez les blettes, puis mélangez-les dans un saladier avec les Kiri, les herbes de Provence et l'huile d'olive. Râpez le zeste du citron dans la préparation et ajoutez les pignons de pin. Salez, poivrez et mélangez.

3. Découpez la pâte en disques de 5 cm de diamètre en vous servant d'un petit verre comme emporte-pièce. Garnissez les disques de farce au Kiri, puis refermez-les en rabattant la pâte sur la garniture. Pressez les bords avec les dents d'une fourchette pour bien sceller les chaussons.

4. Dans une poêle à bord haut, chauffez l'huile de friture. Saisissez les chaussons dans l'huile chaude. Laissez-les colorer, puis égouttez-les sur du papier absorbant. Dégustez tiède à l'apéritif ou en entrée avec une salade.

Crème de lentilles au Kiri® et au cumin

POUR 4 PERSONNES

PRÉPARATION : 10 min • **CUISSON** : 35 min

1 oignon • 80 g de beurre • 600 g de lentilles blondes (ou de lentilles corail) • 1 c. à café de graines de cumin • 6 Kiri • 2 pincées de curry en poudre • 2 pincées de cumin en poudre • 2 pincées de paprika en poudre • sel et poivre

1. Épluchez et émincez l'oignon. Faites fondre le beurre dans une petite cocotte. Saisissez l'oignon émincé dans le beurre mousseux et faites-le roussir quelques minutes à feu doux sans trop de coloration.
2. Ajoutez les lentilles et versez de l'eau jusqu'à 5 cm de hauteur au-dessus des lentilles. Ajoutez les graines de cumin et faites cuire pendant 35 min à feu doux, (15 min si vous utilisez des lentilles corail).
3. Lorsque les lentilles sont cuites, ajoutez les Kiri et mixez. Salez et poivrez.
4. Dressez dans des bols, saupoudrez de curry, de cumin et de paprika en poudre et dégustez.

CONSEIL : Comme toutes les légumineuses, les lentilles doivent cuire dans une casserole d'eau bouillante sans sel, pour éviter qu'elles ne durcissent.

kiri

Aubergines roulées au Babybel® et au romarin

POUR 4 PERSONNES

PRÉPARATION : 25 min • **CUISSON** : 35 min

1 grosse aubergine • 5 cl d'huile d'olive • 8 Mini Babybel verts ou rouges • 8 petits brins de romarin d'environ 5 ou 6 cm de long • sel et poivre

1. Équeutez et lavez l'aubergine, puis taillez-la dans le sens de la longueur en tranches d'environ 1 cm d'épaisseur.
2. Préchauffez le four à 180 °C (therm. 6). Chauffez l'huile d'olive dans une grande poêle à bord haut et saisissez-y les tranches d'aubergine pour les colorer. Égouttez-les sur une assiette tapissée de papier absorbant et découpez-les en deux dans la longueur.
3. Enroulez 1 Babybel et 1 brin de romarin dans chaque demi-tranche d'aubergine et disposez-les dans un grand plat à gratin. Salez, poivrez et enfournez pour 20 min, jusqu'à ce que le fromage soit fondu et les aubergines fondantes.
4. Servez aussitôt et dégustez les aubergines en entrée accompagnées d'une salade de roquette.

Tarte à la tomate et au Babybel®

POUR 4 PERSONNES

PRÉPARATION : 15 min • **CUISSON** : 35 min

1 rouleau de pâte feuilletée • 3 c. à soupe de moutarde forte de Dijon • 1 c. à café d'herbes de Provence • 300 g de tomates cerises • 5 Mini Babybel rouges • quelques brins de thym frais • sel et poivre

1. Préchauffez le four à 180 °C (therm. 6).
2. Étalez la pâte dans un moule à tarte. Piquez le fond avec une fourchette et étalez la moutarde sur toute la surface. Saupoudrez d'herbes de Provence puis ajoutez les tomates cerises préalablement équeutées et lavées.
3. Découpez les Babybel en deux dans l'épaisseur et répartissez-les au milieu des tomates cerises. Salez, poivrez et enfournez la tarte pour 35 min. À mi-cuisson, parsemez de brins de thym.
4. Lorsque la tarte est cuite, sortez-la du four et servez-la bien chaude, accompagnée d'une salade de roquette.

CONSEIL : N'utilisez pas des tomates cerises trop mûres, elles rendraient trop d'eau à la cuisson.

Crème de chou-fleur et saumon fumé au Kiri®

POUR 4 PERSONNES

PRÉPARATION : 15 min • **CUISSON** : 45 min

800 g de chou-fleur • 40 cl de crème liquide • 6 Kiri • 4 tranches de saumon fumé • sel et poivre

1. Faites cuire le chou-fleur dans une casserole d'eau bouillante salée pendant 40 min.
2. Égouttez le chou-fleur en conservant un peu d'eau de cuisson, puis remettez-le dans la casserole avec la crème liquide et l'eau de cuisson réservée. Portez le tout à ébullition. Arrêtez le feu et ajoutez les Kiri. Salez, poivrez, puis mixez.
3. Émincez le saumon fumé. Rectifiez l'assaisonnement de la crème de chou-fleur, puis ajoutez le saumon émincé. Dégustez chaud ou froid avec du pain grillé.

SUGGESTION : Pour rendre cette recette plus chic, ajoutez des œufs de saumon.

Rillettes de thon au Kiri® et au curry

POUR 4 PERSONNES

PRÉPARATION : 15 min

6 brins de coriandre (ou de basilic) • 200 g de thon au naturel en conserve • 6 Kiri • 2 c. à café de curry en poudre • 1 c. à soupe d'huile d'olive • sel et poivre

1. Lavez et hachez la coriandre fraîche.
2. Égouttez le thon. Dans un saladier, écrasez le thon à l'aide d'une fourchette, puis incorporez les Kiri et le curry. Mélangez énergiquement, puis ajoutez la coriandre hachée et l'huile d'olive. Salez et poivrez.
3. Dégustez à l'apéritif sur des toasts de brioche, par exemple.

SUGGESTION : **Ces rillettes sont délicieuses avec un verre de vin blanc fruité.**

Papillotes de cabillaud au Kiri® et au safran

POUR 4 PERSONNES

PRÉPARATION : 20 min • **CUISSON** : 35 min

8 feuilles de chou vert • 4 pavés de cabillaud frais ou surgelé (d'environ 150 g chacun) • 4 Kiri • 16 pistils de safran • 4 c. à soupe d'huile d'olive • beurre • sel et poivre

1. Dans une casserole d'eau bouillante salée, faites cuire les feuilles de chou pendant 10 min. Égouttez-les et rafraîchissez-les sous un filet d'eau froide.
2. Préchauffez le four à 180 °C (therm. 6). Disposez 2 feuilles de chou légèrement superposées sur le plan de travail, posez au centre un pavé de cabillaud et un Kiri. Salez, poivrez, assaisonnez d'huile d'olive et de safran.
3. Refermez les feuilles de chou sur la garniture, puis ficelez le tout en croix pour fermer la papillote. Montez ainsi 3 autres papillotes, puis disposez-les dans un grand plat à four. Mettez sur chaque papillote 1 noix de beurre, puis enfournez pour 25 min.
4. Dégustez les papillotes accompagnées d'une mousseline de céleri.

Cake au poisson, au Kiri® et aux citrons confits

POUR 4 PERSONNES

PRÉPARATION : 15 min • **CUISSON** : 45 min

3 citrons confits • 12 Kiri • 6 œufs • 20 cl de crème liquide • 100 g de fromage râpé • 160 g de saumon en conserve • 1 c. de curry • 50 g de beurre pour le moule • sel et poivre

1. Préchauffez le four 180 °C (therm. 6). Découpez la peau des citrons confits et hachez-la. Coupez les Kiri en morceaux.
2. Mélangez les œufs avec la crème, le fromage râpé et le saumon préalablement égoutté. Ajoutez les morceaux de Kiri et mélangez.
3. Beurrez un moule à cake, versez la pâte dedans, tassez bien. Enfournez le cake pour 45 min.
4. Laissez tiédir le cake pendant 20 min et démoulez-le. Dégustez-le froid ou chaud avec une salade.

CONSEIL : Beurrez généreusement le moule et démoulez le cake pendant qu'il est encore chaud.

Paninis au Babybel®, au jambon cru et à la sauge

POUR 4 PERSONNES

PRÉPARATION : 5 min • **CUISSON** : 15 min

4 pains à panini • 4 c. à soupe d'huile d'olive • 4 tranches de jambon cru • 8 Mini Babybel rouges, jaunes ou verts • 8 feuilles de sauge • sel et poivre

1. Préchauffez le four à 180 °C (therm. 6). Fendez les pains à panini en deux sans les séparer. Assaisonnez l'intérieur d'huile d'olive.
2. Glissez 1 tranche de jambon cru, 2 Babybel et 2 feuilles de sauge dans chaque pain à panini. Salez, poivrez, puis refermez les sandwichs.
3. Enfournez les paninis pour 15 min, jusqu'à ce qu'ils soient bien dorés.

CONSEIL : Si vous avez une machine à panini, faites cuire les paninis pendant seulement 10 min.

Rôti de porc farci au Babybel® et au chorizo

POUR 4 À 6 PERSONNES

PRÉPARATION : 20 min • **CUISSON** : 55 min

1 rôti de porc (d'environ 1 kg) • 1 chorizo • 4 Mini Babybel • 4 c. à soupe d'huile d'olive • 4 brins de thym • sel et poivre

1. Préchauffez le four à 180 °C (therm. 6). Ouvrez le rôti en le découpant sur toute la longueur, glissez au centre le chorizo en deux morceaux et les Babybel, refermez le rôti en le roulant et ficelez-le solidement.
2. Déposez le rôti dans un grand plat, salez, poivrez et arrosez-le d'huile d'olive. Enfournez le rôti pour 45 min. Arrosez-le régulièrement avec le jus de cuisson.
3. 10 minutes avant la fin de la cuisson, ajoutez les brins de thym et arrosez à nouveau le rôti de jus de cuisson.
4. Sortez le rôti du four, découpez-le en tranches épaisses et dégustez avec une purée de pommes de terre.

CONSEIL : **Il faut utiliser un petit chorizo et retirer la peau avant de le glisser au milieu du rôti.**

Tartines de campagne au Babybel®

POUR 4 PERSONNES

PRÉPARATION : 10 min • **CUISSON** : 25 min

3 gros oignons doux • 4 tranches fines de lard fumé • 50 g de beurre • 4 tranches de pain de campagne • 4 Mini Babybel verts • quelques brins de thym • sel et poivre

1. Épluchez et émincez les oignons. Retirez les parties dures du lard et découpez les tranches en trois.
2. Préchauffez le four à 180 °C (therm. 6). Faites fondre le beurre dans une poêle. Saisissez les oignons émincés et les morceaux de lard dans le beurre mousseux, puis laissez cuire pendant 10 min à feu doux sans trop les colorer.
3. Déposez les 4 tranches de pain dans un grand plat à four. Répartissez la fondue d'oignons et les morceaux de lard sur le pain, posez 1 Babybel sur chaque tartine, parsemez de quelques brins de thym, salez et poivrez. Enfournez pour 15 min, jusqu'à ce que les tartines soient bien gratinées.
4. Sortez les tartines du four et dégustez-les bien chaudes avec une salade verte.

Steaks poêlés et Kiri® aux herbes fraîches

POUR 4 PERSONNES

PRÉPARATION : 5 min • **CUISSON** : 8 min

8 brins d'estragon • 6 feuilles de basilic • 1/2 botte de ciboulette • 3 feuilles de menthe • 4 Kiri • 4 steaks épais d'environ 180 g chacun, découpés dans la poire de préférence • huile d'olive • sel et poivre

1. Lavez et effeuillez l'estragon. Lavez le basilic, la ciboulette et la menthe, puis séchez-les et hachez-les grossièrement. Mélangez les herbes, puis recouvrez les Kiri de ce mélange. Réservez au frais.

2. Salez et poivrez les steaks. Chauffez l'huile d'olive à feu vif dans une grande poêle. Saisissez les steaks dans l'huile chaude et faites-les cuire pendant 4 min de chaque côté.

3. Arrêtez le feu et mettez les steaks dans un plat de service. Posez un Kiri aux herbes sur chaque steak et parsemez des herbes restantes.

4. Dégustez-les immédiatement accompagnés de pommes de terre cuites à l'eau.

Burgers pour les petits au Babybel® et au Kiri®

POUR 4 PERSONNES

PRÉPARATION : 10 min • **CUISSON** : 10 min environ

400 g de bœuf haché • 50 g de beurre • 1 c. à soupe d'huile de tournesol • 4 petites brioches rondes • 4 Kiri • 4 Mini Babybel de la couleur de votre choix (vert, jaune ou rouge)

1. Préchauffez le four à 180 °C (therm. 6).
2. Moulez au creux de vos mains quatre petits steaks avec la viande hachée. Faites-les cuire pendant 2 min dans une poêle avec le beurre et l'huile de tournesol.
3. Découpez les brioches en deux, réservez les chapeaux e tartinez les bases de Kiri. Montez les burgers en intercalan entre les deux morceaux de pain 1 steak et 1 Babybel.
4. Enfournez les burgers pour 10 min, jusqu'à ce que les Babybel soient fondus.
5. Dégustez chaud avec des frites de pommes de terre, de carottes ou de céleri.

SUGGESTION : Si vous préférez les burgers à la saveur moins sucrée, préférez des pains à burger classiques à la place des brioches.

Burgers pour les petits au Babybel® et au Kiri®

POUR 4 PERSONNES

PRÉPARATION : 10 min • **CUISSON** : 10 min environ

400 g de bœuf haché • 50 g de beurre • 1 c. à soupe d'huile de tournesol • 4 petites brioches rondes • 4 Kiri • 4 Mini Babybel de la couleur de votre choix (vert, jaune ou rouge)

1. Préchauffez le four à 180 °C (therm. 6).

2. Moulez au creux de vos mains quatre petits steaks avec la viande hachée. Faites-les cuire pendant 2 min dans une poêle avec le beurre et l'huile de tournesol.

3. Découpez les brioches en deux, réservez les chapeaux e[t] tartinez les bases de Kiri. Montez les burgers en intercalan[t] entre les deux morceaux de pain 1 steak et 1 Babybel.

4. Enfournez les burgers pour 10 min, jusqu'à ce que les Babybel soient fondus.

5. Dégustez chaud avec des frites de pommes de terre, de carottes ou de céleri.

SUGGESTION : Si vous préférez les burgers à la saveur moins sucrée, préférez des pains à burger classiques à la place des brioches.

Brochettes de bœuf et Babybel® aux oignons

POUR 4 PERSONNES

PRÉPARATION : 25 min • **CUISSON** : 10 min

2 poivrons rouges • 1 oignon rouge • 600 g de tende de tranche ou de rumsteck • 8 Mini Babybel jaunes ou rouges • 1 c. à soupe d'herbes de Provence séchées • sel et poivre

1. Lavez, équeutez et épépinez les poivrons rouges. Découpez-les en petits cubes. Épluchez l'oignon rouge et détaillez-le en petits morceaux. Coupez la viande en cubes et les Babybel en deux.
2. Montez les brochettes en intercalant sur des piques à brochette les morceaux de viande, de Babybel, d'oignon et de poivron.
3. Préchauffez le gril du four. Saisissez les brochettes sous le gril pendant 10 min. La viande doit rester saignante et le fromage ne doit pas fondre trop vite. Salez, poivrez et dégustez aussitôt.

CONSEIL : Si vous faites griller les brochettes au barbecue, faites-les cuire de 5 à 8 min seulement.

Burgers pour les petits au Babybel® et au Kiri®

POUR 4 PERSONNES

PRÉPARATION : 10 min • **CUISSON** : 10 min environ

400 g de bœuf haché • 50 g de beurre • 1 c. à soupe d'huile de tournesol • 4 petites brioches rondes • 4 Kiri • 4 Mini Babybel de la couleur de votre choix (vert, jaune ou rouge)

1. Préchauffez le four à 180 °C (therm. 6).
2. Moulez au creux de vos mains quatre petits steaks avec la viande hachée. Faites-les cuire pendant 2 min dans une poêle avec le beurre et l'huile de tournesol.
3. Découpez les brioches en deux, réservez les chapeaux et tartinez les bases de Kiri. Montez les burgers en intercalant entre les deux morceaux de pain 1 steak et 1 Babybel.
4. Enfournez les burgers pour 10 min, jusqu'à ce que les Babybel soient fondus.
5. Dégustez chaud avec des frites de pommes de terre, de carottes ou de céleri.

SUGGESTION : Si vous préférez les burgers à la saveur moins sucrée, préférez des pains à burger classiques à la place des brioches.

Côtelettes d'agneau au Babybel® en crépinette

POUR 4 PERSONNES

PRÉPARATION : 25 min • **CUISSON** : 1 h

1 poivron rouge • 8 feuilles de basilic • 200 g de crépinette • 4 Babybel rouges • 4 côtelettes d'agneau (premières avec os et bien dégraissées) • 4 c. à soupe d'huile d'olive • sel et poivre

1. Préchauffez le four à 170 °C (therm. 5-6). Enveloppez le poivron dans une feuille d'aluminium et enfournez-le pour 35 min. Sortez le poivron du four, pelez-le, épépinez-le et émincez grossièrement la chair.
2. Augmentez la température du four à 180 °C (therm. 6). Lavez et hachez grossièrement le basilic. Coupez la crépinette en quatre morceaux de 10 cm de long. Répartissez les poivrons et le basilic au centre de chaque morceau et posez 1 Babybel dessus. Salez, poivrez et recouvrez d'une côtelette d'agneau. Tassez bien et enveloppez les côtelettes dans les morceaux de crépinette.
3. Placez les côtelettes, côté fromage vers le haut, dans un grand plat à four. Couvrez-les d'huile d'olive, salez et poivrez puis enfournez pour 25 min en arrosant de temps en temps avec le jus de cuisson, jusqu'à ce que les côtelettes soient bien dorées et que la crépinette ait en partie disparu.
4. Servez dès la sortie du four.

Salade de poulet aux chips de Babybel®

POUR 4 PERSONNES

PRÉPARATION : 15 min • **CUISSON** : 30 min

3 blancs de poulet • 3 petites sucrines • 4 feuilles de menthe • 8 feuilles de basilic • 6 Mini Babybel • 4 c. à soupe d'huile d'olive • sel et poivre

1. Dans une casserole d'eau bouillante salée, faites cuire les blancs de poulet pendant 25 min environ. Égouttez-les et découpez-les en petits morceaux.
2. Lavez, essorez et émincez les sucrines. Lavez et hachez la menthe et le basilic. Coupez les Babybel en tranches fines.
3. Chauffez une grande poêle et saisissez les tranches de Babybel dans la poêle fumante. Lorsque les tranches de fromage sont fondues et dorées, récupérez ces chips de Babybel avec une spatule et déposez-les sur une grande assiette. Laissez-les refroidir quelques minutes.
4. Dans un saladier, mettez les sucrines émincées et les morceaux de poulet. Versez l'huile d'olive, salez et poivrez. Mélangez bien, ajoutez les chips de Babybel, la menthe et le basilic, puis dégustez immédiatement.

Cailles farcies au Kiri® et au lard fumé

POUR 4 PERSONNES

PRÉPARATION : 25 min • **CUISSON :** 25 min

8 Kiri • 4 c. à soupe d'huile d'olive • 1 c. à soupe d'herbes de Provence • 4 cailles • 4 tranches de lard fumé • sel et poivre

1. Préchauffez le four à 180 °C (therm. 6).
2. Dans un bol, mélangez les Kiri avec 2 c. à soupe d'huile d'olive et les herbes de Provence. Écrasez le tout à l'aide d'une fourchette, salez et poivrez. Farcissez les cailles de ce mélange.
3. Coupez les tranches de lard en deux et disposez 2 morceaux sur le dessus de chaque caille, puis ficelez-les.
4. Salez et poivrez les cailles, puis arrosez-les d'un filet d'huile d'olive et enfournez pour 25 min, en les arrosant de temps en temps avec le jus de cuisson.
5. Dégustez les cailles avec une purée de pommes de terre.

VARIANTE : **Vous pouvez également réaliser cette recette avec un petit poulet pour 4 personnes.**

Cheesecakes au Kiri® et aux Petits Bruns

POUR 4 PERSONNES

PRÉPARATION : 15 min • **CUISSON** : 15 min

10 Kiri • 150 g de biscuits Petits Bruns • 120 g de beurre • 2 œufs • 80 g de sucre roux • 200 g de fromage blanc • 6 abricots secs • 4 c. à soupe de miel liquide

1. Préchauffez le four à 170 °C (therm. 5-6). Écrasez les Kiri à l'aide d'une fourchette. Émiettez les biscuits dans un saladier, ajoutez le beurre fondu et mélangez afin d'obtenir une pâte homogène. Dans un autre saladier, mettez les œufs et le sucre, puis fouettez jusqu'à ce que le mélange blanchisse. Ajoutez le fromage blanc et les Kiri, puis fouettez jusqu'à ce que le mélange soit homogène.
2. Découpez les abricots secs en petits dés. Recouvrez une plaque ou un grand plat à tarte de papier sulfurisé humide. Répartissez dessus la pâte aux Petits Bruns au fond de 4 cercles à pâtisserie. Tassez bien au fond, puis recouvrez du mélange aux Kiri et aux œufs. Répartissez les dés d'abricots secs à la surface des cheesecakes, puis enfournez-les pour 15 min.
3. Laissez refroidir les cheesecakes au réfrigérateur, puis détachez délicatement les cercles avec la pointe d'un couteau. Dégustez froid, nappé d'un peu de miel liquide.

Gâteau au Kiri®
et à la poire

POUR 4 PERSONNES

PRÉPARATION : 10 min • **CUISSON** : 40 min

130 g de beurre + 30 g de beurre mou pour le moule • 1 petite boîte de poires au sirop • 170 g de sucre en poudre • 3 œufs • 160 g farine • 1 sachet de levure chimique • 10 Kiri • 2 c. à soupe de sucre glace

1. Dans une casserole, faites fondre 130 g de beurre. Égouttez et découpez les poires en morceaux. Dans un saladier, mélangez le sucre avec les œufs en fouettant, jusqu'à ce que le mélange blanchisse. Incorporez le beurre fondu avec la farine et la levure en fouettant toujours.
2. Préchauffez le four à 180 °C (therm. 6). Coupez les Kiri en deux et ajoutez-les dans la pâte en remuant délicatement.
3. Beurrez généreusement un moule à manqué, ou un plat à cake, puis versez la pâte en la tassant avec une spatule. Déposez les morceaux de poire sur le dessus. Enfournez le gâteau pour 40 min.
4. Laissez le gâteau tiédir à température ambiante. Démoulez-le ensuite sur une première assiette, puis retournez-le sur un plat de service pour que les poires soient apparentes. Saupoudrez de sucre glace et dégustez chaud ou froid, avec un thé.

Fiadones au Kiri®
et aux zestes de citron

POUR 4 PERSONNES

PRÉPARATION : 15 min • **CUISSON** : 15 à 20 min

12 Kiri • 2 œufs • 50 g de sucre en poudre • 3 citrons jaunes non traités • 50 g de beurre mou pour les moules

1. Préchauffez le four à 170 °C (therm. 5-6).
2. Écrasez les Kiri à l'aide d'une fourchette dans un saladier. Ajoutez les œufs et le sucre, puis mélangez. Râpez le zeste des citrons et pressez leur jus dans le saladier. Mélangez à nouveau énergiquement.
3. Beurrez 6 moules à tartelette et garnissez-les de pâte. Enfournez les tartelettes pour 15 à 20 min.
4. Laissez les fiadones tiédir et dégustez-les accompagnés d'un sorbet au citron.

TABLE DES ÉQUIVALENCES FRANCE – CANADA									
Poids	55 g	100 g	150 g	200 g	250 g	300 g	500 g	750 g	1 kg
	2 onces	3,5 onces	5 onces	7 onces	9 onces	11 onces	18 onces	27 onces	36 onces

Ces équivalences permettent de calculer le poids à quelques grammes près (en réalité, 1 once = 28 g).

Capacités	5 cl	10 cl	15 cl	20 cl	25 cl	50 cl	75 cl
	2 onces	3,5 onces	5 onces	7 onces	9 onces	17 onces	26 onces

Pour faciliter la mesure des capacités, une tasse équivaut ici à 25 cl (en réalité, 1 tasse = 8 onces = 23 cl).

Photogravure Turquoise, Emerainville
Imprimé en Italie par L.E.G.O. Spa, Vicenza
Dépôt légal : avril 2012
308653/01 - 11017539 mars 2012

Mini Babybel
Mini Babybel
Mini Babybel